अपने जैसा जीवन

सविता सिंह

राधाकृष्ण पेपरबैक्स

पहला पुस्तकालय संस्करण
राधाकृष्ण प्रकाशन प्राइवेट लिमिटेड द्वारा
2001 में प्रकाशित

राधाकृष्ण पेपरबैक्स में
पहला संस्करण : 2023

राधाकृष्ण पेपरबैक्स : उत्कृष्ट साहित्य के जनसुलभ संस्करण

राधाकृष्ण प्रकाशन प्राइवेट लिमिटेड
जी-17, जगतपुरी, दिल्ली-110 051
द्वारा प्रकाशित

शाखाएँ : अशोक राजपथ, साइंस कॉलेज के सामने, पटना-800 006
पहली मंजिल, दरबारी बिल्डिंग, महात्मा गांधी मार्ग, प्रयागराज-211 001

वेबसाइट : www.radhakrishnaprakashan.com
ई-मेल : info@radhakrishnaprakashan.com

बी.के. ऑफसेट
नवीन शाहदरा, दिल्ली-110 032
द्वारा मुद्रित

मूल्य : ₹ 199

APNE JAISA JEEVAN
Poems by Savita Singh

ISBN : 978-81-19092-42-0

सविता सिंह

सविता सिंह का जन्म फरवरी, 1962 को आरा, बिहार में हुआ। उन्होंने दिल्ली विश्वविद्यालय से राजनीतिशास्त्र में एम.ए., एम.फिल., पी-एच.डी. की। मांट्रियाल (कनाडा) स्थित मैक्गिल विश्वविद्यालय में साढ़े चार वर्ष तक शोध व अध्यापन किया। 'भारत में आधुनिकता का विमर्श' उनके शोध का विषय रहा। सेंट स्टीफेन्स कॉलेज से अध्यापन आरम्भ करके डेढ़ दशक तक उन्होंने दिल्ली विश्वविद्यालय में पढ़ाया। वे अमेरिका के इंटरनेशनल हर्बर्ट मारक्यूस सोसायटी के निदेशक मंडल की सदस्य एवं को-चेयर हैं।

उनके प्रकाशित कविता-संग्रह हैं—'अपने जैसा जीवन' (2001), 'नींद थी और रात थी' (2005), 'स्वप्न समय' (2013), 'खोई चीज़ों का शोक' (2021)। दो द्विभाषिक काव्य-संग्रह 'रोविंग टुगेदर' (अंग्रेज़ी-हिन्दी) तथा 'ज़ स्वी ला मेजों दे जेत्वाल' (फ्रेंच-हिन्दी) (2008)। उड़िया में 'जेयुर रास्ता मोरा निजारा' शीर्षक से संकलन प्रकाशित। अभी तक हिन्दी में अप्रकाशित एक और नए कविता-संग्रह 'प्रेम भी एक यातना है' का उड़िया अनुवाद प्रकाशित (2021)। अंग्रेज़ी में कवयित्रियों के अन्तर्राष्ट्रीय चयन 'रोवेन लीव्स, वन ऑटम' (2011) का सम्पादन जिसमें प्रतिनिधि कविताएँ शामिल। 'पचास कविताएँ : नई सदी के लिए' चयन शृंखला के तहत प्रतिनिधि कविताएँ प्रकाशित। ल फाउंडेशन मेजों देस साइंसेज ल दे'होम, पेरिस की पोस्ट-डॉक्टरल फैलोशिप के तहत कृष्णा सोबती के 'मित्रो मरजानी' तथा 'ऐ लड़की' उपन्यासों पर काम। राजनीतिक दर्शन के क्षेत्र में 'रियलिटी एंड इट्स डेप्थ : ए कन्वर्सेशन बिटवीन सविता सिंह एंड रॉय भास्कर' प्रकाशित। आधुनिकता, भारतीय राजनीतिक सिद्धान्त और भारत में नारीवाद आदि विषयों पर तीन बड़ी परियोजनाओं पर काम जारी। 'पोएट्री एट संगम' के अप्रैल 2021 अंक का अतिथि-सम्पादन।

कई विदेशी और भारतीय भाषाओं में कविताएँ अनूदित-प्रकाशित। कई विश्वविद्यालयों के पाठ्यक्रम में कविताएँ शामिल और उन पर शोध कार्य। हिन्दी अकादमी और रज़ा फाउंडेशन के अलावा 'महादेवी वर्मा पुरस्कार' (2016), 'युनिस डि सूजा अवार्ड' (2020) तथा 'केदार सम्मान' (2022) से सम्मानित।

सम्प्रति इन्दिरा गांधी राष्ट्रीय मुक्त विश्वविद्यालय (इग्नू) में प्रोफेसर, स्कूल ऑव जेंडर एंड डेवलपमेंट स्टडीज़ की संस्थापक निदेशक।

ई-मेल : savita.singh6@gmail.com

बाबा

और

दिवंगता माँ को

क्रम

जब पत्ते झर रहे होते हैं

लगातार जब पत्ते झर रहे होते हैं
बेआवाज़ एक चुप में
जब वीतराग-सा पुराना पेड़
पुराने क़िले की तरफ़ देखता है एकटक
बुढ़ाते वक़्त को बूढ़े पत्थरों में
चले जाते हैं एक-एक कर ढेर सारे शब्द
जो मेरे थे क्षण भर पहले
मुझसे निकलकर

ऐसे में क्या करती हो तुम
जब यह समझ चुकी होती हो
बहुत दूर तक सिर्फ़ अपनी आत्मा साथ रहती है
या अपने दुख
जब पत्ते झर रहे होते हैं एक कठोर निरंतरता में
जब प्रकृति उदास मुख लिये हवा-सी
बहती रहती है तुमसे लगकर
यों ही रखती अपना सिर तुम्हारे वक्ष पर
बटोरती तुम्हारे शब्द जो झर रहे थे तुमसे
बनाती उससे अपना संगीत

जब सब कुछ तुम्हारा तुमसे निकल चुका हो
तुम्हारे रुदन के प्रकंपित एकांत में उतरने
कौन आता है उसे भरने
लीपने किसी नये क्षोभ से
जब पत्ते झर रहे होते हैं
क्या कुछ झर रहा होता है तुम्हारा

परंपरा में

दूर तक सदियों से चली आ रही परंपरा में
उल्लास नहीं मेरे लिए
कविता नहीं
शब्द भले ही रोशनी के पर्याय रहे हों औरों के लिए
जिन्होंने नगर बसाये हों
सभ्यताएँ बनायी हों
युद्ध लड़े हों
शब्द लेकिन छिपकर
मेरी आँखों में धुँधलका ही बोते रहे हैं
और कविता रही है गुमसुम
अपनी परिचित असहायता में
छल-छदम् से बुने जा रहे शब्दों के तंत्र में
इन नगरों के साथ निर्मित की गयी एक स्त्री भी
जिसकी आत्मा बदल गयी उसकी देह में

दूर तक सदियों से चली आ रही परंपरा में
वह ऊँचे ललाट वाली विदुषी नहीं
जो पैदा करे स्पर्द्धा
वह रही सभ्यता के तल में दबी
मधुमक्खियों सरीखी बुनती छत्ता
समझती उनकी संगठन कला को
प्रतीक्षारत वह रही
कि अगली बार बननेवाले नगरों में
काम आयेगी यक़ीनन उसकी यह कला

शब्दों के षड्यंत्र तब होंगे उसकी विजय के लिए
बनेंगे नये नगर फिर दूसरे
युद्ध और शांति पर नये सिरे से
लिये जायेंगे फ़ैसले

मन ही नदी है

मन के पार
नहीं होती है कोई नाव
वह तो मन के भीतर ही होती है कहीं
कभी स्थिर
कभी हिचकोले खाती
जैसे कि वह पानी हो
न कि लकड़ी का कोई तख़्ता

मन के इस तरफ़ भी
नहीं होती कोई पृथ्वी
वह भी मन में ही होती है कहीं
चाँद-तारे उगाती
कभी बुझी-सी भी घुप्प अँधेरी

मन ही दरअसल नदी है
यदि नाव है कोई पानी
यही है वह अँधेरा
जिसमें है बुझी-सी पृथ्वी बैठी

दुख

क्या होता है दुख का भी कोई रंग
पीला उदास
थकी रात में जैसे थका चाँद
क्या दुख की होती है कोई गति
मद्धिम धीमी
जैसे रुकी हुई हवा बेमन चलती हो
क्या दुख सबके हिस्से मिलता है
माँ-बाप भाई-बहनों की तरह
क्या दुख किसी भी दिन आ सकता है
किसी के भी घर
जीवन की नींव में धँस जाने के लिए
या दुख सादा होता है
ढूँढ़ता अपने ही रंग
कभी थके चाँद में
कभी बुझे मन में
कभी ख़ाली आँखों के बेरंग सपनों में
हममें तुममें

गति

हूँ ऐसी गति में
उद्विग्न इतनी कि
तोड़ती हर उस डोर को जिससे हूँ बँधी
जगी कई रातों से
थकी
शताब्दियों से कई
जगी वैसे भी हूँ नींद में ही चलती फिर भी
रात की मुँडेर पर बैठी बड़ी चिड़िया को पकड़ने की चेष्टा करती
गिरने से बचने के यत्न में लगी
पग-पग पर समेटती रात के विस्तार को
गति में हूँ बढ़ती
उद्विग्न इतनी कि समझती भी नहीं इसके ख़तरे

मैं तारों का एक घर

न जाने कितने तारे
मेरी आँखों में आ-आ कर ध्वस्त होते रहे हैं
उनकी तेज़ रोशनी
गहन ऊष्मा उनकी
आकर मेरी आँखों में बुझती रही हैं
और मैं इन तारों का
एक विशाल दीप्त घर बन गयी हूँ
जिसमें मनुष्यों की भांति ये मरने आते हैं

आज भी हर रात
एक तारा उतरता है मुझमें
हर रात उतना ही प्रकाश मरता है
उतनी ही ऊष्मा चली जाती है कहीं

कोई हवा

कोई हवा मुझे भी ले चले अपनी रौ में
उन नदियों, पहाड़ों, जंगलों में
जहाँ दूसरे जीवों का जीना होता है
मुझे भी दिखाये कठिनतम
स्थितियों में भी कैसे
बचा रहता है जीवन

दस बजिया फूल की एक डाल कैसे
टूटकर जीवन नहीं खोती
ज़रा-सी मिट्टी से लगकर
कहीं पत्थरों में बनी संकरी फाँक में
वह जीने लगती है नया एक जीवन

कोई एक डाल किसी मज़बूत पेड़ की
तेज़ तूफ़ान में गिरकर भी बची रहती है
हल्की-सी अपने तने से यदि
वह है अब भी लगी

कोई हवा मुझे भी दिखाये कैसे
लाखों करोड़ों जीवाणु
कीड़े-मकोड़े बड़े-छोटे
जीते हैं प्रछन्न प्रबल अपने जीवन
कैसे उन्हें कोई पीड़ा नष्ट नहीं कर सकती
गुमराह नहीं कर सकता कोई भी सुख उन्हें
छीन नहीं सकता कोई उनसे उनका सच
रोक नहीं सकता उन्हें जाने से इस जीवन के आगे

समाप्त होती तितलियाँ

किस ओर से आने लगी हैं
इतनी सारी सुंदर रंग-बिरंगी
ढेर सारी तितलियाँ
झाड़ती पराग पंखों से
भरती वातावरण को ईश्वर के अपने रंग से
लहराती हल्की हवाओं संग
फ़ुर्ती से दिशा बदलती
किस ओर चली जा रही हैं
इतनी सारी तितलियाँ
बाहर की टह टह धूप का रंग बदलती
उतारती जेठ की गर्मी को दोपहर के कलेजे में

किस मोहजाल की तरफ़ बढ़ती जा रही हैं
किस आकाश के नीलेपन में होने शामिल
खोने समय की किस खाई में

पराग बरसाने वाली
प्रफुल्ल नाचती इतनी सारी तितलियाँ
इतनी ख़ुशी से कैसे उड़ती जा रही हैं समाप्त होने

संशय

कुछ भी हो सकता है आज
कोई आत्महत्या या मौत
कोई गिर सकता है अपनी ही साइकिल से
लिख सकता है ख़त आख़िरी
आज शाम से पहले ही आ सकती है रात
डराती-रिझाती
खोलती द्वार पश्चाताप और मोह का एक साथ
या गिर सकता है पुराना कोई पेड़
बिला वजह
पकड़ कर ले जा सकती है पुलिस
पड़ोस की नेक महिला को
धमका जा सकती हैं अपनी ही भूलें
ख़ुद को

अँधेरे मेरे हिस्से के

मन पर न लूँ कोई बोझ
संताप न भर दे इसके ख़ालीपन को
कोई छाये न इस पर घनी छाया बन
यह बना रहे मेरा
मेरे मुक्त रहने की संभावना-सा
मेरे ही संवाद से भरा
मेरे ही शब्दों पर निछावर

मन पर न करने दूँ राज
किसी देवता को
धर्म में नतमस्तक होने को तैयार
किसी सुख को जो हो दुख का ही पर्याय
मन पर न झेलूँ कोई वार
न रोऊँ अकेले किसी कोने में
निरीह न आँखें भरूँ करुणा के जल से
न डूबने दूँ पश्चात्ताप के पाताल में अपने को

सोचती हूँ इतना सोचने से
कटता जायेगा दिन और रात का निर्मम प्रहार मुझ पर
क्रमशः कम होते जायेंगे अँधेरे मेरे हिस्से के

मुक्ति

समय की ख़ाली आँखों में
तैरती शताब्दियाँ
और वह उनमें तैरती मटमैली छायाओं की तरह
रोज़ मुझसे पूछती
कैसे मुक्त होऊँ

एक अँधेरा है जो सालता है

एक अँधेरा है जो सालता है मुझे
धमकाता है–'मैं ही हूँ अस्तित्व में तेरे गड़ा
मुझसे ही बना तू अपनी दुनिया
रात में यात्रा करना सीख
शुरू कर भ्रमों से प्यार करना'

एक विश्वास है कि
इस अँधेरे के बीचो बीच गड़ा है
चेतना का कोई पिंड
जो चमकता है रात में भी
संकेत करता आँखों से
'मान मुझे तू अपना
मुझसे ही है तेरी दुनिया
मैं ही बदलता हूँ संसार
घुमाता हूँ सुख दुख का इंद्रधनुषी चक्का'

एक दुविधा है जो कहती है
'मुझसे बनी हो तुम
यात्रा करती हो मुझमें ही
मैं एक रात हूँ सुरंग-सी
जिसमें सच झूठ का फ़र्क़ नहीं होता
और किसी भी यात्रा का मुझमें कोई अंत नहीं होता
यहाँ सिर्फ़ नियति होती है'

एक सच है जिसे अब मैं भी जानती हूँ
कि दुख-दुविधाओं का यह संसार भी
आख़िर कुछ नहीं होता

पिछली कविताओं की दुनिया

पिछली कविताओं में थीं कितनी सारी बातें
थे कितने उलझे संघर्ष से लथपथ सपने
थे कैसे क्षत-विक्षत बिंब

पिछली कविताओं में
मछलियों के संतप्त अंतस के साथ-साथ
थी कैसी उदास बाहर की दुनिया
लड़खड़ाती-सी आस्था
प्रेम और क्रांति के बीच
पिछली कविताओं में थे
करुणा के लिए कितने आग्रह
पृथ्वी को बचाने के अनुरोध
बच्चों और स्त्रियों की कोमलता को
अक्षुण्ण छोड़ देने के निवेदन

पिछली कविताओं में थी
संघर्ष की एक दुनिया
सच की खोज में मिटती हुई

कहाँ है अंधकार अब

जहाँ रोशनी थी
आज उसके नीचे अँधेरा नहीं था
प्रकाश अलग-थलग था
सोचता हुआ
आख़िर कहाँ वह छूटा
या स्वयं उसने ही छोड़ा साथ
बनाने के लिए अपना ही कोई
सुचिंतित संसार

मैं भी हैरान थी
सदियों बाद कैसे हुआ संभव
यह अलगाव
कहाँ से आयी छाया में ऐसी शक्ति
कहाँ से उमड़ा साहस उसमें छलने का
महाछद्म को

और यह भी कि यदि नहीं है अंधकार
प्रकाश के साथ
नीचे आगे पीछे
तब कहाँ है वह
क्या अब है वह प्रकाश के भीतर

सपने की औरत

वह औरत जो अक्सर आती थी मुझसे मिलने
जिसके जाने के बाद देर तक रहती थी मैं गुमसुम
और जिसे लेकर रहती थी उत्सुक
वह कोई और नहीं थी
वह मेरे सपने में आनेवाली औरत थी
जो आती थी अधिकारपूर्वक मेरा हाल जानने
बताने हर बार
अँधेरा कितना गहरा है अब भी मेरे रास्ते का
और उसमें उतरना और उतरते जाना ही
मेरी नियति है
कि बिना किए पार इसे
मिलेगा न फूलों का बाग़ मुझे
न वह आकाश
जिसका रंग ले जायेगा मुझे दूसरे रंगों तक
यह बात और है कि वह ख़ुद है बहुत बेहाल
त्रस्त अपनी ही पसंद के रंगों से

दृश्य परिवर्तन

सारा का सारा दृश्य ही बदल गया
जैसे संसार बदला हो
किसी ने ज्यों समझ लिया हो हठात्
जीवन का अर्थ
धरती ज्यों घूम गयी हो सदा के लिए
और सारे तारे आसमान में बसने वाले
सूरज चाँद और आत्माएँ अच्छे लोगों की
सब ग़ायब हो गयी हों
इस शून्य में
बची हो बस यही समझ
कि अब और कुछ नहीं कहीं
कुछ भी नहीं
जहाँ जो कुछ है वह वहीं ख़ाली है

अवसाद में कविता

लिखने से नहीं लिखे जाते निराशा के क्षण
वे उतरते चले जाते हैं अंदर
क़दम-दर-क़दम
लिखने से लिखे नहीं जाते
हताशा में गल रहे मन के पंख
वे झपकते शांत हो खो देते हैं
अपनी उड़ान का हर यत्न

लिखूँ भी तो क्या लिखूँ
उतरता जा रहा है सब कुछ
भाषा के उस पार के विस्तार में
छन कर जहाँ नहीं पहुँचता मेरा यह संसार
लिखने से नहीं लिखा जा सकता
यह विस्तार
वह बस नींद की तरह छाया रहता है मुझ पर
पोसता और मारता मुझको एक साथ

संसार का डर

इसी संसार में पा लेना है
अपने हिस्से का सच
संभावित हर .ख़ुशी
कर लेने हैं पुण्य उपजाने वाले काम
कर लेना है प्रेम
कहनी है अपने मन की बात
जागना है रात-रात
करते इंतज़ार किसी का
जिसे आना है

इसी संसार में मिल जायेगा
अपने हिस्से का झूठ
मुमकिन सारी तकलीफ़
हताशा
पाप जैसी कोई चीज़ भी
लिपट सकती है जिस्म को बेधती
मन को रुग्ण करती
इसी संसार में पा लेना है .ख़ुद को
मिल लेना है .ख़ुद से
यहीं खोते हैं लोग ढूँढ़ते इसको उसको

इसी संसार में हूँ मैं
इसी संसार से लगता है मुझे डर

इस तरह

मुझ पर आकर पड़े
उसके बेचैन अकेलेपन के छींटे
ऐंठी उसकी देह का दर्द मुझमें समा गया
जैसे ही मैंने उसे अपने भीतर खड़ा देखा
बार-बार यादें हिलोरों की तरह
सिर मारने लगीं मेरे अनमने चित्त पर
लेकिन बारिश से बचने के लिए
जिस तरह खड़े हो लेते हैं किसी घने पेड़ के नीचे
और इंतज़ार करते हैं बारिश के थमने का
और समय जिस ऊब और स्याह ख़याल से
भर देता है सबको
घंटों बारिश न रुकने और इंतज़ार करने से
वैसी ही एक गीली-सी ऊब महसूस कर
मैंने अपना मुंह मोड़ लिया उस याद से
उस ऐंठी देह से जो कभी मेरी ही थी
इस तरह समाप्त हुआ एक प्रसंग जीवन का

भेद

सुख एक भेद है जिसे पाना होता है
कभी किसी अचूक हथियार की तरह
किसी दोपहर
किसी रात
दबी हुई किसी इच्छा की तरह

मनोकामनाओं जैसी स्त्रियाँ

ख़याल है इस बात का
कि अब और आगे बढ़ी तो खाई है
हटी पीछे तो है आग
खड़ी रही तो मूर्च्छा है गिराने के लिए
ख़याल है कि जिस जगह टिके हैं पाँव
वह भी खिसकने वाली है
उसमें भी एक अजीब ताप है
जो जलाता है आत्मा को

जगह बदलने की बात हो तो
जगह से जगह बदल लूँ
लेकिन यहाँ तो आसमान में ताकते बीते हैं बरस
देखते हुए अंधकार और प्रकाश के खेल
मेलजोल उनके
और अब एक आदत-सी पड़ गयी है
सितारों की रची-रचायी दुनिया को देखने की
चाहने की वह सीढ़ी जिससे पहुँचूँ उन तक
बसने उन्हीं के बीच
मैं पहचानती हूँ आख़िर उनका वह झुरमुट
जिसमें मैंने भी चुना है अपना एक कोना
जहाँ जाकर ठहरती हैं पृथ्वी से लौटी उन्मुक्त हवाएँ
ऋतुएँ जहाँ जाकर सोचती हैं अपना होना

ख़याल है कि पहुँचूँ वहाँ
जहाँ पहले से ही एकत्र हैं
ढेर सारी मनोकामनाओं जैसी
ख़ुश और सुंदर स्त्रियाँ

नींद में रुदन

मैं .ख़ुश हूँ कि
मेरे साथ चलते हैं मेरे सपने
शामिल मेरी .ख़ुशी में
हताशा में मेरी
थकान में भी अनवरत एक चिंता से
बताते मुझे नक्षत्रों में घूमती आत्माओं के रहस्य
समझाते पृथ्वी पर जन्म लेने के दायित्व

मैं .ख़ुश हूँ कि
मैं समझ सकती हूँ यह सभी कुछ
और यह भी कि सपने
सच से ज़्यादा सुंदर होते हैं
और वे प्रायः स्त्री के साथ होते हैं

हूँ इसलिए भी आश्वस्त
समझती क्यों रहस्यमय बनी रहती है धरती
क्यों होती है स्त्री की भाँति मजबूर
बार-बार की जाती समर्पित विषाक्त क्रूरता को
क्यों उसका रक्त जमा नहीं देता विश्व की प्रक्रिया को
क्यों बाक़ी लोगों की तरह नींद में
सोती नहीं औरतें
वे रोती हैं
और रात के अंतिम पहर भी नींद के गलियारे में
उनके लिए नींद नहीं होती
रुदन होता है

रात नींद सपने और स्त्री

नींद में ही छिपा है
स्त्री होने का स्पर्श
जिसे महसूस करती है रात
और जो छायी रहती है इस पृथ्वी पर
वह इसी स्पर्श की छाया है
जिसके नीचे नींबू के फूल खिलते हैं
चंपा की कलियाँ जन्म लेती हैं

नींद में है कहीं सौंदर्य
जिससे जुड़ी है स्त्री
पनपाती मृत्यु
ग्रसती हिंसक पुरुषार्थ को
गिराती साहसी और बलवान को
राज्य करती फिर एकाग्र भाव से सब पर

रात में नींद है स्त्री
दिन में सौंदर्य
नींद में जागती है रात
इस रात में देखती है स्त्री
आदिम अनुभूतियों पर थिरकते
अपने होने के कामुक स्वप्न

बैठी हैं औरतें विलाप में

बैठी हैं एक साथ
गठरी बन
बिसूरती
रोती विलाप करती स्त्रियाँ
करतीं शापित पूरे इतिहास को
जिसमें उनके लिए अंधकार का मरुस्थल बिछा है
बैठी हैं याद करतीं
अपनी महान परंपरा को
जिसमें थी उनकी स्वायत्तता
उनका स्वाभिमान
संप्रभुता थी फैली
आसमान-सी करुणामय तरल
किए आच्छादित तप्त भूतल को
अन्नदात्री वे उपेक्षित नहीं करती थीं
एक भी मनुष्य को

बैठी हैं विस्मृति में डूबे
अपने अंतःस्तल से निचोड़तीं अपना ही रक्त
रंगतीं धरती को पटी है जो
अनेक ऐसी कथाओं से
स्तब्ध हो जो
मूक सुनती है उनका विलाप

कुसुम का सत्याग्रह

उसके संताप का आज चौदहवाँ दिन है
वह कहती है नहीं छुयेगी अन्न
अभी और सात दिन
नहीं बाँधेगी केश
न करेगी प्यार
न दया
न देगी दान किसी को
स्वयं को धूल में मिला डालेगी
सब उसके लिए अब है नगण्य
वह सचमुच है मरणासन्न

संताप के इन कठिन दिनों में
बताती है कुसुम
उसे कभी नहीं मिला भर-पेट भोजन
अक्सर बचा-खुचा ही मिला
देखा संभ्रांत पुरुषों ने उसकी तरफ़
कामवश ही अक्सर
किया उसे मजबूर बेबस
किसी ने दया नहीं की उस पर
उसे प्रेम कभी नहीं मिला
समझा गया उसे एक स्त्री ही
फटेहाल दुर्बल

बाल खोले
कभी नहीं बाँधने का संकल्प लिये
आत्मसंताप के आख़िरी दिन रोती
लेटी है कुसुम सत्य के आग्रह में

सच का दर्पण

बहुत सुबह जग जाती हैं मेरे शहर की औरतें
वे जगी रहती हैं नींद में भी
नींद में ही वे करती हैं प्यार घृणा और संभोग
निरंतर रहती हैं बँधी नींद के पारदर्शी अस्तित्व से
बदन में उनके फुर्ती होती है
मस्तिष्क में शिथिलता
उनके हाथ मज़दूरों की तरह काम करते हैं
बनी रहती हैं फिर भी अभिजात संभ्रांत वे
नाश्ता बनाती हैं सुबह-सुबह
भेजती हैं मर्दों को दफ़्तर
बच्चों को स्कूल
फिर बँध जाती हैं पालतू-सी
सुखी-दुखी अपने घरों से
दोपहर कभी उच्छृंखल नहीं लगती उन्हें
मनहूसियत भले घेर ले पूरे दिन को
हर पल की तरह वह एक पल होता है उनके लिए
गुज़र जाने वाला

शाम होती है
सड़कों पर जल जाती हैं बत्तियाँ
इंतज़ार करती हैं मेरे शहर की औरतें
खिड़कियों से देखतीं बाहर
देखतीं शहर के शोरगुल के बीच से गुज़रते जुलूस को
जो त्योहारों का कुतूहल पैदा करता है उनमें
लौट आते हैं मर्द, बच्चे
पहले दिन से ज़्यादा गंभीर ज्यादा बुद्धिमान

लौट नहीं पातीं अपने भीतर वे औरतें
उनके अंदर बुझा रहता है आत्मा का प्रकाश
अँधेरे रहते हैं लगातार उन पर सवार
अँधेरी सुरंग-सा फैला रहता है उनमें सभ्यता का भय
किसी भय में जागती होती है नींद की देवी
जिसमें तैरती रहती हैं छायाएँ मृत्यु की
छाये रहते हैं बड़े डैनों वाले पक्षी उनके मन के आकाश में
उनके एकांत का जंगल
काटता रहता है स्वयं अपने पेड़
रात-बिरात पैदा करता है ख़ौफ़नाक आवाज़ें
डरी रहती हैं बिस्तर में भी अपने पुरुषों के संग
बेवजह ख़लल नहीं डालती उनकी नींद में
रहती हैं सेवारत बरसाती प्रेम सहिष्णुता
चाहिए उन्हें वैसे भी ज़्यादा शांति
बहुत कम प्रतिरोध अपने घरों में

फिर भी
अपने एकांत के शब्दरहित लोक में
एक प्रतिध्वनि-सी
मन के किसी बेचैन कोने से उठती जल की तरंग-सी
अपने चेहरे को देखा करती हैं
एक दूसरे के चेहरे में
बनाती रहस्यमय ढंग से
एक दूसरे को अपने सच का दर्पण

रोती है सुप्रिया

उसके अविचल मन को आज
विचलित कर रहे हैं संवेदना के तार
बजते अपने आप
बजते रोती आत्मा की गहरी परतों से रिसते
सभ्य प्रेम के दर्द को बनाते खुरदुरा
समझाते
समाप्त न होने पाये सहिष्णुता
लेकिन आह!
रोती है सुप्रिया
अकेली इतनी अकेली

विमला की यात्रा

उसे जाना है आज शाम चार बजे रेलगाड़ी से
जाना है पति के घर से इस बार पिता के घर
एक घर से दूसरे घर जाते हैं वही
नहीं होता जिनका अपना कोई घर

बारह साल की उम्र में
विमला ब्याह दी गयी
जब वह गयी पति के घर पहली बार
उस घर को उसने बनाया अपना
लीप-पोत कर चमकाया उसे
कूट-पीस कर हमेशा इकट्ठा किया और रखा
साल-भर का अनाज
धोये सबके पाँव
सिले सबके उधड़े-फटे कपड़े
कहते हैं पति का घर होता है पत्नी का घर

इस बार लेकिन
विमला को जाना है दुख की ऐसी यात्रा पर
जिसके पार उतर
जीवन स्वयं अपने पार उतरता है
दुख से मिल दुख
किसी उजाड़ में जा भटकता है
पति की मृत्यु के बाद औरत का जैसे संसार बदलता है

सुबह से ही ठीक कर रही है विमला
अपने कपड़े

सँभाल रही है क़सीदाकारी के लकड़ी वाले फ्रेम
रेशम के आधे-अधूरे
उलझे-सुलझे धागे
वे कपड़े जिन पर काढ़ रखे हैं उसने वे सारे फूल
जिन्हें प्रकृति भी नहीं खिलाती.
वे फूल जो अमर होते हैं
और सिर्फ़ स्त्री के हृदय में खिलते हैं
या फिर विमला के लिए
चुपचाप उसके गुमसुम संसार में

पति की मृत्यु के बाद
आज शाम चार बजे
विमला जा रही है अपने पिता के संग
कुछ दिनों के लिए बहलाने मन
वह जा रही है रेलगाड़ी से एक ऐसी यात्रा पर
जिसमें कहीं नहीं आता उसका अपना घर
मन ही मन इसलिए वह मनाती है
हे ईश्वर हों जीवन में मेरे ऐसी यात्राएँ अब कम
हो मेरा एक ही जीवन
एक अपना घर
जैसे है मेरी एक आत्मा

मैं किसकी औरत हूँ

मैं किसकी औरत हूँ
कौन है मेरा परमेश्वर
किसके पाँव दबाती हूँ
किसका दिया खाती हूँ
किसकी मार सहती हूँ...
ऐसे ही थे सवाल उसके
बैठी थी जो मेरे सामनेवाली सीट पर रेलगाड़ी में
मेरे साथ सफ़र करती

उम्र होगी कोई सत्तर-पचहत्तर साल
आँखें धँस गयी थीं उसकी
मांस शरीर से झूल रहा था
चेहरे पर थे दुख के पठार
थीं अनेक फटकारों की खाइयाँ

सोचकर बहुत मैंने कहा उससे
'मैं किसी की औरत नहीं हूँ
मैं अपनी औरत हूँ
अपना खाती हूँ
जब जी चाहता है तब खाती हूँ
मैं किसी की मार नहीं सहती
और मेरा परमेश्वर कोई नहीं'

उसकी आँखों में भर आई एक असहज ख़ामोशी
आह! कैसे कटेगा इस औरत का जीवन!
संशय में पड़ गयी वह

समझते हुए सभी कुछ
मैंने उसकी आँखों को अपने अकेलेपन के गर्व से भरना चाहा
फिर हँसकर कहा 'मेरा जीवन तुम्हारा ही जीवन है
मेरी यात्रा तुम्हारी ही यात्रा
लेकिन कुछ घटित हुआ जिसे तुम नहीं जानतीं—
हम सब जानते हैं अब
कि कोई किसी का नहीं होता
सब अपने होते हैं
अपने आप में लथपथ-अपने होने के हक़ से लक़दक़'

यात्रा लेकिन यहीं समाप्त नहीं हुई है
अभी पार करनी हैं कई और खाइयाँ फटकारों की
दुख के एक दो और समुद्र
पठार यातनाओं के अभी और दो चार
जब आख़िर आएगी वह औरत
जिसे देख तुम और भी विस्मित होओगी
भयभीत भी शायद
रोओगी उसके जीवन के लिए फिर हो सशंकित
कैसे कटेगा इस औरत का जीवन फिर से कहोगी तुम
लेकिन वह हँसेगी मेरी ही तरह
फिर कहेगी—
'उन्मुक्त हूँ देखो,
और यह आसमान
समुद्र यह और उसकी लहरें
हवा यह
और इसमें बसी प्रकृति की गंध सब मेरी हैं
और मैं हूँ अपने पूर्वजों के शाप और अभिलाषाओं से दूर
पूर्णतया अपनी'

हृदयहीन दुनिया

तुम आयीं हम सबों के बीच
जैसे मौसम आता है
फले फूले हम वनस्पतियों की तरह
सुखद था तुम्हारा साथ
जाड़े की धूप की मानिंद
सहे और झेले तुमने हम सबों के पूर्वग्रह
द्वेष और स्पर्द्धा
घाव लिये कलेजे में
अपमान भी यदा-कदा
प्रायः रात देर तक जगीं तुम
खाया सबके बाद बचा-खुचा खाना
जगीं सबसे पहले
किया साफ़ घर-द्वार
फूल-लताएँ लगायीं
ख़ाली से इस बँगले को किया आबाद
अपने श्रम से
लेकिन गयीं तुम ऐसे आज
जैसे नहीं जाता कोई हक़दार
लिया कुछ भी नहीं किसी से
दिया इतना ज़्यादा
गयीं बिना कहे कुछ भी
या जो कह सकती थीं तुम
हमारी हृदयहीन दुनिया के बारे में
बेआवाज़ गयीं जैसे जाती हैं औरतें
घर-घर करतीं पीछा अपने दुख का

चित्र में लड़कियाँ

मैंने उस चित्र को उसी तरह समझा
जैसे समझना चाहती थी उसमें बैठी
नंगी पीठ वाली लड़की
कि जहाँ कहीं भी टाँगी जाएगी यह तस्वीर
वहीं बना लेगी वह एक खिड़की
जब बाक़ी लोग देख रहे होंगे उसकी पीठ
वह देख रही होगी बाहर कोई दृश्य

मैंने उस चित्र को जब दोबारा देखा
उसमें मुझे कई और लड़कियाँ दिखीं
ढँके बाँहों से कभी मुख कभी स्तन
ऐंठे उनके बदन पर थीं लेटी सर्प-सी उनकी नसें
दिखीं वे खुद इतनी बेचैन मानो
अब उठ खड़ी होंगी और निकल जायेंगी
अपनी-अपनी खिड़कियों से बाहर
मिल जायेंगी अपने-अपने दृश्यों में

बाद में और उस चित्र में सिर्फ़ खिड़कियाँ ही थीं
लड़कियाँ जा चुकी थीं
नंगी पीठ वाली लड़की भी कहीं नहीं थी
खिड़कियों से लगे लहराते पर्दे थे
नंगापन ढँकने को आतुर
जिसे झाड़ चुकी थी अब देह

एक आर्ट गैलरी से लौटकर

देखीं तस्वीरें
लटकी पृथ्वी को घेरतीं
पुण्य आत्माएँ ज्यों उत्तरहीन हों इस दौर में
लाचार वैसे ही देखीं
कलाकार की आँखें
और भी कितनी आँखें प्रश्न चिह्नों की तरह
क्षुब्ध चंचल देखीं
तस्वीरें आर्ट गैलरी में लटकी
शांत निरुपाय यों
उच्छ्‌वास में निकले हों ज्यों
जीवन के लिए आख़िरी शब्द

देखीं अपनी भी तमाम मुद्राएँ
इच्छाओं-सी जटिल
जो दिखीं आर्ट गैलरी में
विचलित मेरी तरह

नमन करूँ छोटी बेटियों को

नमन करूँ इस देश को
जहाँ मार दी जाती हैं हर रोज़
ढेर सारी औरतें
जहाँ एक औरत का जीवित रहना
एक चमत्कार की तरह है

नमन करूँ उस माँ को
अपनी बेटियों को जनती हुई जो
रोती है 'अब क्या होगा इनका ईश्वर
इस दुनिया में'

नमन करूँ उस पिता को
जो देता है जीवन बेटियों को
अपनी हड्डियों-रक्त-मज्जा से
बनाता है उनका शरीर
फिर काग़ज़ की नावों की तरह
बहा आता है उन्हें जीवन के अथाह जल में

नमन करूँ उन छोटी बेटियों को
जो जी लेती हैं जैसे-तैसे मिला यह जीवन
हो लेती हैं पार काग़ज़ की नौकाएँ होते हुए भी
डूबती हैं कई
कई गल भी जाती हैं बीच में ही
कुछ लगती हैं पार
ख़तरनाक इन गहरे जलाशयों के

राजा की बेटी

कहाँ भाग सकती थी
घिराव लंबा था
और घिर चुकी थी राजा की बेटी
घर थे सुंदर .ख़ूब
जिनमें रहने गयी थी वह
बाग़ थे फल-फूल देते
गाड़ियाँ थीं जो चलें मीलों बेरोक-टोक
घिर चुकी थी लेकिन
सोने-चाँदी से लदी राजा की वह बेटी
मान-मर्यादा के क़िलों को सौंप दी गयी

शब्दों में सिहरन दौड़ जाती
जब कुछ कहती वह
आँखों में अनायास भर जाता ढेर सारा जल
कलेजे में समा जाती इतनी धड़कन
कि बाहर की कोई दूसरी आवाज़ उस तक न पहुँचती
घिर चुकी थी
अपने होने के होने में लड़की
नतमस्तक धरती को घूरती
जैसे इसी ने छिपाया हो रहस्य
ब्याह दी जानेवाली लड़कियों के पतन का
जिन्हें जीना होता है हमेशा दूसरों का जीवन

आनेवाले दिनों में

आनेवाले दिनों में
नींद नहीं होगी
धूप के धब्बे होंगे उनमें
कहीं होगी कोई चिड़िया
चुपचाप बैठी
गुमसुम किसी पेड़ की प्रतीक्षा में

आनेवाले दिनों में
हम न होंगे अपने जैसे
न होगा जीवन अपने जैसा
उसकी हल्की छायाएँ होंगी
कमज़ोर धीमे पग भरतीं

कहीं किसी पवित्र भावना के बीच होगी
जीवन में आस्था भी सिर झुकाये

माँ के पाँव

दिखते हैं बादल
आसमान से भी ऊपर
दिखते हैं माँ के पाँवों की तरह
सुंदर, हल्के, अनिश्चित
करते इंगित एक दूसरी दुनिया की तरफ़

दिखते हैं बादलों के घर में
प्रवेश करते माँ के आलते से रँगे लाल पाँव
तजते यह संसार

माँ की याचना

भूल नहीं सकती वह ठंडापन
जो माँ की आँखों में उतरा था
पीले पराग से भर गया था उसके धुँधलाते संसार को
जिसमें मृत्यु धीरे-धीरे उतर रही थी
झपकाती अपने विशाल डैने
भूल नहीं पाती वह विनय जो उसकी आँखों में छलका था
निरीह याचना जीवन के लिए जो काँपी थी
मृत्यु लेकिन कठोर अपने होंठ सिले खड़ी रही
'मेरे बच्चों का क्या होगा' उसने सोचा था
फिर बुदबुदायी थी
'नहीं जाना चाहती इतनी जल्दी
विक्षुब्ध इतनी
लाद तुम पर इतने दायित्व बेटी
नहीं जाना चाहती ऐसे कर ख़ाली
अपने नन्हे बच्चों का संसार
कितना कठिन होगा फिर इसको भरना
प्रेम करुणा और अच्छाइयों के शहद से'

तभी जम गया था वह भयभीत करने वाला ठंडापन
उसकी आँखों में
पराग से ढँक गयी थी वह
यह दुनिया मेरे लिए अब सचमुच मृत्युलोक थी
जो भरी पड़ी थी तमाम नश्वर चीज़ों से
जैसे पेड़, चिड़ियाँ, पहाड़, टेबल, कुर्सियाँ, जानवर, मनुष्य...

पुराना संदूक़

खोलती है माँ पुराना संदूक़
निकालती है उसमें से
ज़री की साड़ियाँ लहँगे रेशम के
लकड़ी के फ्रेम में मढ़े पिता के साथ
खिंचवाये श्वेत-श्याम चित्र
बक्से से निकलती है भीनी-सी कोई महक
विस्थापित करती बाहर की दुनिया

संदूक़ बंद करती है माँ
जैसे एक सदी समाप्त हुई हो
जैसे देख और सूंघ लिया गया हो
समय के गर्भ में छिपा जीवन और इतिहास
त्रासदी सुख और विस्मय का मिश्रण
जैसे समझ लिया गया हो आने वाला दौर
विपद गाथाओं का

संदूक़ बंद करती है माँ
ज्यों मृत्यु मूंदती हो आँख

आह मृत्यु

एक आवाज़ हुई
मैंने मुड़कर देखा
काली ईरानी टोपी पहने खड़ा है मृत्युदूत
देखता मेरी तरफ़ भावहीन आँखों से
कहता
"समय समाप्त हुआ चाहता है
परचा ख़त्म करो
परीक्षा समाप्त हुई तुम्हारी
अपने जीवन के अंत का फ़ैसला
दरअसल मनुष्य कभी नहीं लेता
उसे बस जीना होता है एक जीवन
एक ढलान पर बस चढ़ना और उतरना होता है"

ढन...से फिर एक आवाज़ हुई
लगा पैरों के नीचे आ लुढ़का है
ख़ाली किसी डिब्बे का घबराया-सा कोई ढक्कन
मेरे भीतर से रिस रहा था जीवन
मुझे लग गया समय आ गया है
तारे भी टिमटिमाते हैं अपरिचित ढंग से अब
पेड़ विस्मय से देखते हैं दूसरी तरफ़
कुछ घटित हुआ है अवश्य मेरे विरुद्ध

लेकिन आह ! मृत्यु
अभी तो कुछ भी नहीं किया
प्रेम भी नहीं ठीक से
सो भी नहीं सकी आँख-भर
सुन न सकी मन भर भैरवी मालकौंस
या फिर राग केदार

एक दिन प्रेमहीन

वे भी क्या दिन थे
जब बच्चों के रोने पर
चौकन्नी हो जाती थीं दिशाएँ
गिलहरियाँ फुदक-फुदककर करतीं थीं मनोरंजन
नाचती पुतलियों में पैठ जाती थीं मछलियाँ
लिये अपने रंगीन जिस्म

वे भी क्या दिन थे
जब आते थे पिता
लिए मालदह आम की पेटियाँ
लीची-जामुन-संतरों के टोकरे
बड़ी बहन झूम-झूमकर गाती थी गीत बेसुरे

आज एक दिन है
ठंडा, मृत किसी बुझी हुई इच्छा की तरह
जिसमें चीज़ें बेहिसाब बदल गयी हैं
रिश्ते गल गये हैं
एक दिन टूट कर बाक़ी दिनों से
टंग गया है तारे की तरह आकाश के एक कोने में
एक दिन प्रेमहीन निष्प्राण और अधीर

कठिन कठोर अनुभूतियाँ

एक दर्द है
अलग हो जाने की हल्की-सी टीस
रुदन एक लंबा
पेड़ों से गिरे पत्तों का अपने तनों के लिए

एक रंग है
फैला आसमान की तरह
ओढ़े अपनी ही छाया
भरे जंगल की आँखों में बेशुमार
नयी रंगतें

एक सच है प्रेम का
जिससे कुछ भी हो जाता है संभव
लिप्सा और विराग इस भुवन से
कोमल विचारों में तैरती हुई
कठिन कठोर ये अनुभूतियाँ
रुलाती नहीं
चुप कराती हैं पत्तों को
जंगल की आँखों में अपने रंगों को
पहचानने की तमीज़ सिखाती हैं
और प्रेम को ठिठोली न समझने की
देती हैं हिदायत

रात में छायाएँ

एक रात की बात है यह
अनगिनत छायाएँ लपककर बढ़ रही थीं मेरी तरफ़
मैं भय से नहीं उत्सुकता से
सिहर रही थी
क्या इसमें है मेरी भी कोई छाया
मेरे सत्य को जिसने पहचान लिया है
क्या इसमें है मेरी कोई आकांक्षा
जिसे मैं अब तक पूरी न कर सकी
और अब जो हमलावर हो रही है
क्या मैंने भी किया है दग़ा ख़ुद से
या उनसे जिन्हें मैं प्यार करती हूँ
क्या ये छायाएँ मुझे समाप्त करने आ रही हैं
क्या इनके भी हाथों में है तलवार

उस रात मैंने जाना
छायाएँ सच होती हैं शरीर की ही तरह
और वे हमसे ही उपजती हैं

जंगल के पेड़

जंगल के हर पेड़ ने देखे सपने
हरियाली के बीच पनपे सपने
बाँटे दुख-सुख हर पेड़ ने एक दूसरे से
गुँथ गये जीवन के आह्लाद एक दूसरे के
एक दूसरे से

सन्नाटा रहा देर तक लेकिन इस जंगल में
जब एक बार मैंने इनको अपना नाम बतायां
मैं भी एक पेड़ हूँ यह समझाया
पहचानने से इनकार किया हर पेड़ ने मुझको
फैली रही इस कोने से उस कोने तक
मुझे न पहचानने की विवशता
हालाँकि मैं जानती रही
यहाँ किससे कब क्या कहा था मैंने
किस पेड़ के नीचे छिपायी थीं अपनी जड़ें
किस टहनी पर पसारी थी हँसी
किस पत्ते को दिया था अपना थोड़ा जीवन

चीज़ें और यादें-1

रात-भर नींद में डूबी आँखें
सुबह के कोहराम में खुलती हैं
जब सड़क की बग़ल में
बैठने वाला बूढ़ा
खोल चुका है चाय की दुकान
जब बिछा चुका है दिन
अपनी चर्या की चटाई
बाज़ार खुल चुके हैं
आँखें खुलती हैं और ठहर जाती हैं
बिकती तमाम चीज़ों पर

चीज़ें और यादें-2

चीज़ें अपनी जगह पर स्थिर हैं
बस एक हल्की-सी अनपहचानी हलचल है
उसमें बसी पुरानी यादें शायद
अपनी जगह बदल रही हैं
आहिस्ता से जो मेरे सीने में
खोल देती हैं घटनाओं के हज़ारों दरवाज़े
किवाड़ पिछवाड़े का धकेल देती हैं खुला
और मैं अपने को पाती हूँ
एक सपाट से मैदान में
जहाँ तेज़ धूप है
और मैं हूँ बँधी किसी पालतू जानवर की तरह
इन चीज़ों से

मौसम

मौसम रातोंरात बदला है
खिड़की के बाहर एक बेचैन सुबह है
एक चकत्ता ख़ून का भी चमकता-सा
पेड़ों पर नये पत्ते हैं
और हवा है पहले से नम

हर चीज़ बदली हुई है
मौसम रातोंरात बदला है
शब्द नये अर्थ चाहते हैं
धूप चाहती है अपना रंग बदलना

समुद्र से लौटते मछुआरे बात करते थे
डरावने तूफ़ान से भर गया था
समुद्र कल रात

सुख

.ख़ूब अच्छी हवा है अभी
धूप भी है मीठी
जिसमें गूंजता है दिन
शांत दिखते हैं पहाड़
हृदय में बहती हैं नदियाँ
और कोई चला जाता है पार इस सुख के
जीवन के सुंदरतम भ्रम को चीर कर

बची है फिर भी
अभी काफ़ी धूप
है ढेर सारी हवा ठहरी
नींद में उतरने के लिए खड़े हैं
अनगिनत सपने
शब्दों का पूरा एक संसार
बदल रहा है एक नये थरथराते सुख में
जिसे समझती है हवा
लिपटती मुझसे भरती मुझे
हिलाती हुई धूप को मेरे लिए थोड़ा

नगण्य की महिमा

एक चीज़ जो मेरे कमरे में पड़ी
किसी घड़ी या पेंसिलस्टैंड जैसी लग रही थी
अचानक सिकुड़ने लगी है
धीरे-धीरे कुछ घटित होता लगता है
वह चीज़ अब मात्र एक बिंदु-भर रह गयी है
और संतुष्ट है कि वह कुछ है
कि वह अर्थ पैदा कर सकती है इस कायनात में
सिर्फ़ अपने होने से दूसरों का होना
निश्चित कर सकती है
किसी अंक के आगे-पीछे लगकर
दुनिया के मायने बदल सकती है
चिपककर किसी के जिस्म पर
कर सकती है कई खेल
घुसकर किसी की आत्मा में बना सकती है छेद
ताकि हवाएँ आर-पार हो सकें
बहती रहें
बनाती रहें अंदर तूफ़ान
आख़िर दुनिया की हर सिकुड़ी हुई चीज़
तुच्छ नगण्य होते हुए भी चेतन है
पैठी हुई आत्मा में एक बिंदु बन

नाचो पृथ्वी

नाचो पृथ्वी
आ रहे हैं ढेर सारे बादल
ढेर सारी शुभकामनाओं की तरह
गद्‌गद हो रहा है हृदय
बारिश से भर जायेगा सूखा पोखर
भर जायेंगे बेढब कई गड्ढे
रास्ते टूटे-फूटे
भर जायेगा निर्जन एक मन
जिसमें उड़ती-पड़ती रहती है निरर्थक धूल

बादल आ रहे हैं
और हम इस बार विस्तार से सोचेंगे
ख़ुश होने के नायाब तरीक़े
खोल देंगे ताले जो हैं
मन पर कब से डले

नाचो पृथ्वी
आ रहे हैं ढेर सारे बादल
लौटाने तुम्हें तुम्हारी नदियाँ
समुद्र
तुम्हारा जल

आकांक्षा का मकान

बनाओ वैसा एक मकान
जिसमें हम सब रह सकें साथ
कोई भी न रहे अलग अकेले
छूटे किसी मामूली वजह से
छोटेपन से अपने
या फिर
बचने के लिए किसी फ़साद से
कोई हो अपंग इस वजह से
या फिर हो कमज़ोर इसलिए भी

बनाओ वह मकान
जिसके बाहर हो हरियाली
कमरे हों बड़े रहने को जिसमें
ख़ूब जगह हो बच्चों के खेलने के लिए
जानवरों के लिए हो उन्मुक्त वातावरण
तितलियों मधुमक्खियों के लिए
हों खुली जगहें

बनाओ वह मकान मेरी आकांक्षा
जो तुम सदा बनाती हो
लेकिन जिसे कोई ईर्ष्यालु हवा
कोई अँधेरी पीड़ा हताशा कोई हर बार
आकर ढहा जाती है

नरम उदासी

यह कैसी नरम उदासी है
जो मेरी देह से लिपटी है
यह कैसा प्यार है जिसके मरने का ख़ौफ़ ही
मार रहा है मुझे
मैं सोचती थी
बहुत आसानी से बदलती इस दुनिया में
बदला जा सकता है जीवन
लेकिन तब जब मन ही इतना रूढ़ हो
प्रेम जैसा ही
तब कुछ भी नया रचे जाने का उल्लास
वह पा नहीं सकता
सिर्फ़ रो सकता है
नरम उदासी के आग़ोश में पड़ा
टिप-टिप बारिश के गीलेपन में अलसाया
डूबा

अमूर्त्त याद

वह सब कुछ मुझसे अलग हो चुका है
वह जो तब अमूर्त्त नहीं था
जिसका होना एक आह्लाद की तरह था
एक शाम एक सुबह की तरह
प्रकृति में घटित होने वाली घटनाओं की तरह
अब वह याद करने भर की चीज़ है
पानी में डूबी हुई
स्मरण करना जिसे
पानी में डूबी सीढ़ियों से उतरने जैसा है
एक-एक क़दम
रहस्य भय और दुख में काँपता हुआ

जब मांट्रियाल मेरा शहर था

गुज़र गए हैं रोज़मंड स्ट्रीट से
जैसे गुज़र जाता है एक पूरा दिन
रोता पछताता अपनी निरर्थकता पर
आती नहीं रात भी वहाँ सहजता से
जंगल में जैसे खो गये हैं पेड़
वैसे ही देखते देखते
खो गयी हैं गुज़रे दिनों की स्मृतियाँ
फूल भी अब फूल नहीं शायद
बर्फ़ भी बर्फ़ नहीं
यह शहर भी कैसा अजायबघर है
खोये लोगों और बदली चीज़ों का

आसान नहीं था गुज़रना
एलमर स्ट्रीट से भी
तृप्ति की पतली नदी से पार हो लेना
प्यास लिये
आसान नहीं था कहना
कि यह शहर डूब रहा है
और फिर पहुँच जाना किसी के घर एक ठंडी सुबह
माँगने नींद

आसान था सिर्फ़ बर्फ़ की अनवरत बारिश देखना
प्रेम और मृत्यु पर सोचते हुए

बर्फ़ का इंतज़ार

अन्यमनस्क पीली पड़ रही जिज्ञासा से ढँकी
मेपल के पत्तोंवाली जैसे कोई डाल हूँ
जिससे लगकर हवा गुज़रती है
जिस पर आसमान अपना थोड़ा नीला रंग
टपकाता है
जिस पर सूरज अपनी सबसे कमज़ोर किरण
फेंकता है
अन्यमनस्क फिर भी
मेरा मन बर्फ़ के गिरने का ही इंतज़ार करता है

बर्फ़ सभी कुछ ढँक देती है
पाप दुख शाप
छोटी मोटी बेचैनियाँ
सुख में चमकने वाले हीरे जैसे
एक दो क्षण
वह ढँक देती है
गिलहरियों के हृदय में व्याप्त यह डर
कि उन्हें कोई हर लेगा

अन्यमनस्क
बार-बार क्यों चाहती हूँ वही
जो मुझे उदास करे
ढँक ले

पत्तों का संसार या हमारा

एक

देखते हुए आसमान में रंगों का अपना एक युद्ध
सोचने लगी अपने दुखों के बदलते
गहराते रंगों की स्थिर गंभीरता पर
सूखे पत्तों की तरह कुडमुडा लेते होंगे वे कभी ज़रूर
लेकिन पैदा नहीं होने देते अपने रचे संसार में
अनायास ही कोई हलचल
पत्तों की यह दुनिया हो या हमारी
इसमें व्याप्त है एक उन्माद कुछ कर लेने का
कर गुज़रने का कुछ
या कि रच लेने का एक दूसरा ही संसार
हरकतों से अपनी पहुँच जाने
किसी दूसरे ही लोक की अनिश्चितता में

दो

मेरे घर के पीछे लगे मेपल के वृक्षों से
गिरते रहते हैं ढेर सारे पत्ते आजकल
उनके गिरने की कोई आवाज़ नहीं होती
एक सनसनाती पीड़ा होती है बस टूटने की
जिसे सुनती है पृथ्वी
फिर किसी दिन तय करके उड़ने-पड़ने लगते हैं ढेर सारे पत्ते
तूफान बनाने लगते हैं
पीले से लाल हो रहे इन पत्तों की महत्वाकांक्षा भी
कुछ अजीब है
ठीक उनकी सुंदरता की तरह

या फिर पत्तों की दुनिया का अपना ही एक मिज़ाज होता है
सबसे अलग

तीन

शाम से पहले ही जैसे चली आयी है रात
सड़कों पर जली बत्तियाँ करती हैं प्रदर्शित
अपनी रोशनी में बर्फ़ की तेज़ गिरती बौछारों को
करती ज़ाहिर फ्रैंचेस्का की उद्विग्नता में शामिल
पश्चिमी सभ्यता की क्रूरता को
युद्ध, कांसेंट्रेशन कैंपों की सच्चाई को
नात्सियों के तोड़े उसके जबड़ों में लगे
इस्पात के फ्रेम में बंद इस विश्व की नियति को

ऐसे ही मौक़ों पर तो आती है रात
दिन के उजाले शाम के धुँधलके से पहले
अपनी झुर्रियों में दबाये
उत्तेजना के गोपनीय मंत्र
फ्रैंचेस्का चौंकती है जानकर मेरी दिलचस्पी
पत्तों की चमकदार दुनिया में
चलाती अपनी लंबी गाड़ी रोज़ाना
मांट्रियाल की सड़कों पर
संवेदना की ढह चुकी दीवारों से हो घायल
सजग करती है मुझे
'यह शहर ख़त्म हो चुका है मेरी दोस्त
देखती नहीं यहाँ सिर्फ़ ठंड है
सिहरन भरी कराहें हैं
मरती आवाज़ें हैं हर विधा की
गिरते-बिछे पत्तों के सौंदर्य पर बेकार है
मुग्ध या उत्तेजित होना
याद रखना ज़रूरी है मरनेवालों की संख्या
या फिर एक पूरी सभ्यता की मारक क्रूरता को
उसकी भोंडी विलासिता को'

रोज़मरी एक अच्छी लड़की है

रोज़मरी एक अच्छी लड़की है
बस ज़रा-सी मोटी है
उसकी अपने मकान मालिक से अच्छी दोस्ती है

जब कभी वह ग्रीस जाता है
अपनी सारी बिल्लियाँ रोज़मरी के पास छोड़ जाता है
रोज़मरी भी अफ़्रीका जाने वाली है
उसने भी चार बिल्लियाँ पाली हैं

उसका एक बेटा है
जो स्कूल में आजकल काफ़ी मार-पीट करता है
कल बहुत उदास
रोज़मरी मुझसे मिलने आयी थी
एक कप कोलंबियन कॉफ़ी पिलाने का आग्रह कर
समाज में बढ़ते पशु-प्रेम पर बातें करने लगी थी
तभी पहली बार उसके पति के बारे में उससे पूछा था
कहाँ है वह क्या करता है
क्या अब भी उसकी पहचान है उससे

रोज़मरी सिर हाथ हिला
कठपुतली की तरह बोलने लगी
'वैंकूवर में वह कारपेंटर बन गया है अब
साल में एक बार अलास्का जाता है
ताज़ा मछलियाँ मार वहीं बर्फ़ पर
भूनकर खाता है
मुझे तो नहीं

लेकिन इस बार गर्मी की छुट्टी में
बेटे को नोवास्कोसिया जाने का निमंत्रण भेजा है
उसकी आजकल एक प्रेमिका है
जिसके घने लाल बाल हैं
अब तो ख़ैर वह अपने शोध का
विषय तक भूल गया होगा
'अफ़्रीकी अर्थव्यवस्था' आख़िर कठिन विषय है'

शोध करने रोज़मरी इसी वर्ष अफ़्रीका जायेगी
कहती है इस बार अपनी बिल्लियाँ मेरे पास
छोड़ जायेगी
कॉफ़ी ख़त्म कर जीवन की निरर्थकता पर
सोचती हुई कहीं डूब गयी रोज़मरी
कि अचानक किसी नयी आशा के आलोक को
पहचानती हुई मुझसे पूछा
'क्या माइकल टेमीलीनी तुम्हारे पास आया था
आज मेरे साथ वह 'मदाम बटरफ़्लाई' देखने
ऑपेरा हाउस जाने वाला था....'

सारा का सुंदर बदन

सारा पहने हुए थी झीना-सा एक ब्लाउज़
अंदर था रेशम का एक स्लिप
होंठ थे सूजे गुलाबी
आँखों में नींद थी अब भी बाक़ी

रात को लिये साथ
मिली थी सारा मुझे पहली बार
उसने उतार रखे थे अपने गरम कोट दस्ताने गुलूबंद
जैसे वह बदलना चाहती हो इन सबको
लेकिन जानती थी सारा
लादना है इनको निकलते ही
इस गरम कमरे से बाहर
जैसे लदी है यह ज़िंदगी उसके सुंदर बदन पर

मिली जब दोबारा मुझे सारा
सटकर बैठ गयी मेरे पास
कहने लगी चला गया उसका प्रेम
किसी दूसरे शहर में
अब तो फिर से पाना होगा कोई स्पर्श
ढूँढ़नी होगी कोई और ऊष्मा
क्या होगा अब इस ख़ाली-सी आत्मा का
इसे तो भर नहीं सकती पूरे शहर की बर्फ़ भी
इसे सिर्फ़ प्रेम भर सकता है
मिलता है जो बमुश्किल और मुश्किलों भरा

मिली सारा जब मुझे तीसरी बार

साथ में था नया प्रेम उसका
उसे चूमता
और उसका शरीर अपनी सुंदरता पसारे
खिल रहा था धूप में बर्फ़ पर एक फूल-सा

मैंने मन ही मन कहा
ख़ुश रहो सारा लिये अपना यह सुंदर बदन
आत्मा की चिंता मत करो
वह तो सदा ख़ाली ही रहती है

रूथ का सपना

रूथ ने देखा एक सपना
उसने देखे थे कई ऐसे सपने
तब उसके साथ थे उसके दूसरे प्रेमी
इस बार वह बिस्तर में अकेली थी
और शहर भी दूसरा था
इस बार आधी रात से ही बर्फ़ गिरने लगी थी
और उसके घर के बाहर
सुबह-सुबह प्रेमियों का एक जोड़ा
झगड़कर अलग हुआ था

रूथ का सपना मामूली सपना नहीं था
उसने देखा था एक घने पेड़ के नीचे
बैठे एक दार्शनिक संत को
जो उसे समझा रहा था अस्तित्व के मानी
उसने उसे बताया भाषा ही समस्त संसार है
और उसमें ही एकांत और प्रेम दोनों संभव है

रूथ भ्रमित थी
क्योंकि वह तो भाषा में ही थी सदा से
लेकिन उसे प्रेम के बदले प्रेम कभी नहीं मिला
और उसका एकांत भरा पड़ा था
पिता की यातना और माँ की भीरुता से
यदा-कदा उसमें टहलते हुए आये थे कुछ प्रेमी
जो छोड़ गये थे पीछे सिर्फ़ अपने बिस्तर

रूथ देखना चाहती है कई बार

बस यही सपना
ताकि वह समझे
भाषा में झिलमिलाते अकेलेपन की गरिमा को
कैसे पाया जाये
कि इस बर्फ़ के शहर में कैसे जिया जाये

एलेन की दोस्त

आज एलेन गया था अपनी दोस्त से मिलने
पहन मोटे चमड़े वाले पुराने बूट
बाहर कड़ाके की ठंड थी लेकिन एलेन गया था
खड़ा दरवाज़े पर उसके
रहा कुछ देर उधेड़बुन में
जाये अंदर या फिर लौट जाये
बसे किसी चिड़िया या गिलहरी के हृदय में
पाये प्रेम वहाँ
खेले बर्फ़ पर उनके साथ कोई खेल
खोजे मन लगाने के नये तरीक़े
लेकिन वह चला गया आख़िर अंदर
उतारे बर्फ़ से लथपत जूते
दस्ताने, लंबा कोट

लाल चेहरा उसका तप रहा था
खा चोट ठंडी हवाओं की
झेंप और मुस्कुराहट के बीच डोलता
वह आ खड़ा हुआ था हॉलनुमा कमरे में
जहाँ बिल्ली की आँखों में डाले आँखें
बैठी थी उसकी दोस्त
धँसी अपने पुराने सोफ़े में

सारी दोपहर वह पढ़ती रही थी रिल्के की कविताएँ
उसकी दुनिया में एक जंगल-सा
उग आया था
शब्दरहित शांत वह ताकती रही इधर-उधर कुछ देर

फिर गाड़ दिया अपना सिर एलेन के कलेजे में
सोफ़े से उतर बिल्ली जा दुबकी
कमरे के कोने में लटकी रूसो की एक पेंटिंग के नीचे
कमरे की खिड़कियाँ तेज़ ठंडी हवाओं के शोर में भी
सुनती रहीं एलेन के दोस्त के हृदय में गूँजती
रिल्के की कविताएँ

कैफ़े प्राग

लगातार बारिश के बाद
पिघलकर पानी ही तो हो गयी थी इतनी सारी बर्फ़
पड़ी महीनों से लदी सड़कों की आत्मा को किये बोझिल
कितने चुंबनों आलिंगनों टूटे प्यार के
लंबे रिश्तों को महसूस करती
विषाद की उठती-गिरती लहरों में डूबते
मन की भयावह स्थिति को झेलती
सुनती किसी अंतहीन रुदन के स्पंदन में
मरती उम्मीद को कि
अब पुनः प्रेम नहीं किया जा सकता
जो चला गया वह लौट नहीं सकता

यह बर्फ़ साथ होती है उनके
जो कैफ़े प्राग में किसी परिचित के साथ
पीते हैं गुलाश
करते हैं बातें फ़ेल्लीनी की 'जूलिया और उसकी आत्माएँ' पर
या फिर चुपचाप देखते हैं बारिश
तत्परता से होती है सहमत यह बर्फ़ उनसे जो मानते हैं
कैफ़े प्राग सहज ही अंतरंग हो जाता है
फीकी किसी हँसी से
चरमरा गये विश्वास से
अकेले लोगों की अजीबोग़रीब दुनिया से
और फिर यहीं तो हुई थी मुलाक़ात
प्रेम में पड़ी इज़ेबेला से
जो मिली थी जब दूसरी बार
तो फटी आँखों से देख रही थी खिड़की के बाहर

ज्वर से पीड़ित प्रेम में आहत
खाती सूखी गारलिक ब्रेड

कैफ़े प्राग आते हैं सभी
सुखी और दुखी
देखने रोज़ाना कॉनकोर्डिया विश्वविद्यालय की
फ़िल्म दीर्घा में कला फिल्मों के शो
कभी अपने को खोजने कभी खो जाने
इन फ़िल्मी चरित्रों में
भुलाने या करने याद बातें
जिन्होंने जोड़ा था उन्हें
इस शहर से, इसकी ठंड से
संभव किये थे प्रेम या फिर उपजायी थी छुटन
परिचय में इनके ला खड़ा किया था
क्षणिक मोह में बिलखते सच को

कुछ भी नहीं इस शहर में
कैफ़े प्राग जैसा
शब्द और अर्थों की एक सुरंग-सा
एकालाप की विस्थापित दुनिया में पड़ा औंधा
कैफ़े प्राग इज़ेबेला के प्रेम की विफलता पर
दुखी होता है
जूलिया की आत्माओं की मुक्ति की कामना करता है

बाहर बर्फ़ और बारिश धोती रहती हैं अलग से
दिलों के घाव
उनके दाग़

जाज़

रात देर तक बजाते रहे वादक जाज़ रेस्तरां में
बजाते रहे अपने वाद्ययंत्र काँपती हल्की रोशनी में
आसपास फैला रहा मेरी अतृप्ति का आभास
देर तक रहा मेरा मन थिर-उदास

सुबह उठने की इच्छा नहीं हो रही थी
लेकिन लोग जा रहे थे
गायक गा चुके थे वादक बजा चुके थे
वाद्ययंत्र बक्सों में बंद कर दिये गये थे

बाक़ी जो बचा था मेरे भीतर
अब वही था जाज़ मेरे लिए
मैं ही थी गा सकने लायक़ अपने गीत
मेरा हृदय ही अब वाद्ययंत्र था

ख़ुशगवार सुबह

आये ढेर सारे विचार
स्वच्छ धवल
धुले कपड़ों की तरह
और चल रही ठंडी हवा में मिल गये
बैठ गये फूलों के वक्ष पर
मन ही मन की गयी बहुत सी विनतियाँ
प्रेम पाने की
आकर पैरों में लोट गयीं
लगने लगा कितना कुछ मेरा है
मेरे हिस्से का इस विश्व में

फूलों में बसी मादक कई प्रकार की गंध
हल्का गुलाबी रंग आसमान के कोने में
तैरते बादल के एक टुकड़े पर
और हवा की वह गति जो दे मन को अपनी गति
सब किस तरह लौटने लगे हैं मुझ तक
जैसे ये सब गये न हों कभी ख़ाली कर मुझको

बहुत दिनों बाद ऐसा लगा
सुबह कितनी ख़ुशगवार है
फब रही है कैसी घास पर
फबती है ज्यों सुख की बूंदें आत्मा पर

रंग भूरा

बाक़ी रंगों से अलग होता है रंग भूरा
पहाड़ों की छाती का रंग
सपने में फैले आकाश का रंग

भूरा ही होता है अंतर्मन का रंग
हर राग में जीवन का एक भूरा रंग
पुता हुआ संगीत के चेहरे पर भी
रात की उड़ती-पड़ती नींद में भरा रहता है
प्यार का भी एक रंग होता है भूरा
सलेटी जिसकी ज़मीन है
नीला जिसका जिस्म
ज़र्द जिसका हर रेशा
दहकता बाक़ी रंगों के ताप से
बदल जाता रंगों के बदलाव से
अविचलित सूखा
सौंदर्य के स्वाद-सा
मन के हर हिस्से का हो गया है रंग भूरा

पहाड़ों की छाती का रंग
सपनों के आकाश का रंग
शिलाओं के वार्तालाप का रंग है
भूरा

देर रात में

अभी सुबह हुई नहीं
अभी चिड़ियाँ सो रही हैं
अभी माँ अपने बच्चों से लिपटी नींद में है
अभी कोई गाड़ी आती-जाती नहीं
अभी कोई किसी से झगड़ नहीं रहा
अभी जागने का अहसास भी अजीब है
लगता है जैसे सारा का सारा अंधकार
आपका अपना हो
सारे दर्द नितांत आपके अपने
शून्य जैसे आपको छू रहा हो
और ऐसा लगता हो
सच के सिवा अब कुछ भी नहीं बचा रहेगा
कि जहाँ आप हैं इस समय
विश्व में वहाँ कोई और नहीं होगा

रागिनियों का ऊधम

सूरज डूब गया
शाम आयी
लौट आयीं ढेर सारी इच्छाएँ
दूसरे मन-प्रांतों से
जो दोपहर से ही चल पड़ी थीं उसकी तरफ़
वह अविचलित सुनती रही थी
उनके पदचाप
उनके ठुनकने की आवाज़ आने लगी थी
तभी से उसे

वह बैठी रही थी फिर भी शांत
कि जिन्हें आना है वे आयें
पार कर कामना के कठिन मैदान
लांघ राग का महासमुद्र
समीप जीवन के आ
दौड़ें धमनियों में बाढ़ आयी नदी की तरह
होगा तब फिर रागिनियों का ऊधम
प्रणय का अबाध प्रवाह
हवा लहरायेगी तब
अपनी छाती से दुपट्टा उतार

हवा फिर गाती है

हवा गाती है फिर वही गीत
जिसे सुनती थी मैं निस्संग
अपने उजास से भरी
बचा था जब विश्वास
अच्छी बातों और चीज़ों में
सोची-समझी मुश्किलों से जब नहीं लगता था डर

हवा गाती है वही गीत
जिसे गुनगुनाते थे मेरे भी रोम
त्वचा पर गिरती थी हल्की
रूई के फ़ाहे-सी जिसकी धुन
और एक सिहरन के संग
सिमट आता था मुझमें सारा वातावरण
तब नहीं लगता था कहीं कुछ भी हो सकता है
अप्रिय कुरूप छद्म से भरा
हवा गाती रही कब तक वह गीत
कब तक त्वचा पर गिरती रहीं मेरी भूलें
लय और गति कब तक जीवन के विष में घुलती रही
खोयी कहाँ-कहाँ
किस मुहाने पर आ लड़खड़ा गयी
फिर उठी कैसे चली कैसे
गाने लगी वही पुराने गीत
नहीं मालूम

हवा गाती है लेकिन फिर आज
वही पुराना गीत
जिसे सुनती थी मैं निस्संग
अपने उजास से भरी

मेरे अवसाद

कुछ और नहीं होता
तब कुछ और करने लगती हूँ
सोचती यह आसान होगा
सोचती इसमें मिल जायेगी कोई राह
थोड़ी दूर चलकर फिर अशक्त हो जाती हूँ
हाथ बांधे उधर मिलती है मेरी ही कोई कामना
महत्त्वाकांक्षा कोई गर्दन झुकाये
मिलती है आस्था यों ही बेमतलब खड़ी
आँसू भरे नयन लिये मिलती है
बिसरी हुई कोई सुंदर इच्छा

कुछ न करूँ
बस बैठी रहूँ सोचती हूँ यह भी
फिर निराशा के घने बादल भरने लगते हैं मुझमें
मुझमें मरकर टपक पड़ती है कोई एक चिड़िया
रिसने लगता है उससे मेरा ही ख़ून
उठकर फिर चल देती हूँ मनाती
उगे मेरी राह मुझमें ही तब
करने दे मुझे फिर मेरे हिस्से के काम
पाने दे मुझे मेरे अवसाद

अभी

बाहर बर्फ़ का चमकता पहाड़ है
भीतर स्मृति की ऊष्मा
बाहर जंगल है
भीतर अंधकार जंगल का
लगता है उड़कर किसी पेड़ से कोई चिड़िया अभी
समा जायेगी मुझमें
और बनायेगी एक घोंसला

इस जंगल में

एक चुप में खिले हैं
इतने सारे जंगली
पीले बैंगनी फूल
पेड़ों के आड़े-तिरछे तनों से
सटी फैली है वैसी ही वक्र
घूमी हुई इतनी सारी टहनियाँ
रोयें-रोयें से जिनके चिपके हैं नामालूम
कितने फल कितने पत्ते
बैठी उन पर चिड़ियाँ इसी नीरवता में
साथ-साथ डोल रही हैं
हवा गुम है गंभीर भी
समझती हर जीव का अकेलापन इस जंगल में

कितना अजीब सन्नाटा है
कैसी ख़ला है यहाँ
बीच-बीच में बस पुकारता है कोई पंडुक
अपनी मादा को

हम जैसों का जीवन

कई दिनों से
एक कविता मेरे भीतर थी
मैं उसे कह रही थी
अभी रुको
अभी बहुत धुँधलका है
अभी रहने दो मुझे कोहरे में
करने दो प्रेम
होने दो और दुखी
समझने दो क्यों प्रिय है
सत्य को झूठ का आवरण
क्यों है हम जैसों का जीवन
इतना उद्विग्न
इतना कठिन

प्रार्थना

कुछ लोग मांग रहे हैं इस दुनिया में
शब्द
साथ में अमरत्व भी
खो रहे हैं आँखों की रोशनी
प्रतीक्षा में कविता की
इंतज़ार करते हैं देवता के भटक आने का
अपनी तरफ़
कुछ लोग असंपृक्त आशंकित
भीतर तक
कुछ नहीं मांगते

वे बस सुनते हैं
बारिश और हवा की सरसराती आवाज़
देखते हैं मौसम का आना और चले जाना

दृश्य

झाड़ देती हैं पंख तितलियाँ
झड़ते हैं जैसे आसमान के अपने ही रंग
वातावरण बदलता है
विश्राम करते पक्षी डैने फैलाते हैं
चेहरे ऊँचा करते हैं पेड़
आँखें मींचती है घास

झरते रहते हैं तब भी रंग
दूर से देखती हैं तितलियाँ
पहाड़ों पर इनका असर

ख़ुश लोग और हवा

हवा में गति है एक हल्की
दिशा भी है एक सुनिश्चित
छूकर किसी रोते मन को
आयी है अभी इधर

हवा में महक है एक परिचित
हल्की टीस छोड़ जाये जो
रुलाये नहीं लेकिन
दग्ध कर कलेजे को बस पार हो ले
दुख और सहज इच्छाओं के

जाये ठहरे वहाँ
जहाँ पहले से ही एकत्र हों
ढेर सारे ख़ुश लोग

दोपहर के सपने

अब न कट पायेंगे ये दिन
चल पड़े हैं दूसरे ठिकाने ढूँढ़ते
ऊब में डूब चुके हैं दोपहर के सपने भी
और नींद थक निढाल हो
सो गयी है बाँह मोड़े मन के भीतर कहीं
बस बाहर धूप टपकती है
ऊब इकट्ठा होती है

असफल होता प्रेम

हवा निश्चित ही ठहरी हुई
पृथ्वी के वक्ष पर कहीं
पत्तों के संसार में नहीं है कोई हलचल
पक्षी भी डोलते नहीं
बैठे हैं काठ जैसे
सिर्फ़ मन डोलता है
प्रेम असफल होने वाला है
आज दोपहर बाद नहीं आएगा
प्राणों से भी प्रिय मेरा कोई अपना

डर

साँय-साँय चल रही है हवा इस दोपहर
जाने किस ख़ालीपन की तरफ़ बढ़ रही है
क्या कुछ विस्थापित कर डालेगी
क्या कुछ करेगी पार
किसके वजूद पर जा बैठेगी
किसे बेचैन कर डालेगी आज

साँय-साँय चल रही है हवा
लिये उद्विग्नता दोपहर की
और चुप्पी किसी रोते मन की
अधलेटी अपने अंदर के एकांत में
डरती सोचती हूँ
कहीं भर न दे मुझे यह अपने वेग से

इतनी विवश

इतनी विवश मैं
कि अपने पर ही स्नेह बन झरूँ
मरूँ अपने ही दुख से
ले आऊँ स्मृति में अपने अनुभव के वे क्षण
जो सुखी बना सकते थे मुझे कभी

इतनी विवश कि
पश्चाताप भी नहीं करना आता
सदा ताक में रहती हूँ
मिले इससे निकलने का कोई रास्ता
और बेलौस पार हो लूँ

इतनी विवश कि
जानने के बाद भी कि यह दुनिया कुछ भी नहीं
मार नहीं पाती इसे पाने की इच्छा

शाम में एक कामना

किसी राह को कहूँ अपनी राह
किसी विस्मृत सुख को एक सुख
किसी की नींद में जा लेटूँ
जगूँ किसी मीठे स्वप्न की बाँह में
ऐसी है कामना इस शाम

ढल जाने पर इसके लेकिन
क्या बची रहेगी वह राह सुलगती-सी
याद में घुली-मिली सुख की आकांक्षा
नींद एक मोह-सी व्याप्त रोम-रोम में
स्वप्न में तैरती दो आँखें हंसों-सी

सिर्फ़ सपने अपने हैं

कुछ ठीक नहीं आजकल
न मेरा घर
न मेरे परिचित
न ही मेरा प्यार

कुछ निश्चित नहीं कहीं
न समय
न जीवन
न ही किसी प्रिय व्यक्ति का साथ

सिर्फ़ सपने अनुकूल हैं
मेरी नींद में अनवरत शामिल
ख़ून की तरह लाल
पूरे शरीर में बहते रहने वाले
सिर्फ़ सपने अपने हैं

प्रेम प्रसंग

उसकी याद में गर्दन झुकाये
बेबस उसी की गोद में
बैठी है वह
हौले से वह चूमता है उसके कान
चाँदनी रात यकायक गरम हो जाती है
होंठ हो जाते हैं चमकीले पर्वत से जादुई जीवंत
अपनी देह से वह हटाती है रात की उमस
सिहरी-सी फिर एक सुबह हो जाती है
इस तरह बार-बार कुछ से कुछ होती वह
प्रतीक्षा करती है
रात के अपने भीतर आकर बैठने की

याद करती फिर कई गरम चाँदनी रातों को
और उस स्वांग को जो है इस समय का प्रेम प्रसंग

सोचा न था

इस आनंद में भी
फड़केगी कोई पीड़ा
आँखें नम किये
ठहरी होगी कोई हँसी
सोचा न था

इस दूधिया रात में
आख़िर है उदास करनेवाली
चाँद-सी पीली एक लौ भी

परिचय

कौन हूँ
क्या है मेरा कोई नाम
या फिर एक देश
धर्म शायद या नहीं कोई
किस शताब्दी में जन्मी मैं
मरी कब
कब से घूम रही हूँ पृथ्वी के आसपास
धरातल पर भी उसके
तारों के एक झुंड में हो शामिल
कब से देख रही हूँ नन्हें बच्चों के खेल

सचमुच कौन हूँ
जो सबसे स्नेह करे
सबके दुख में हो शामिल
समझे उसे अपना
रोये किसी अनजान स्त्री की कहानी सुन
उदास हो करे उसके सुख की कामना

कौन है वह
जो है मुझमें मुझ-सी
दुख में दुख की प्रतिछाया-सी

निजी कोना

क्या होता है किसी का कोई निजी कोना
या सिर्फ़ सपने होते हैं
जिन्हें देखती हैं कई-कई बार मन की आँखें
जो आते हैं नींद की दुनिया में टहलते हुए
खटखटाते दरवाज़ा हमारे जागते भ्रमों के प्रासाद का
चाहते बने उनसे हमारी दुनिया
शायद एक राह भी जाती हुई
असंख्य मर्यादाओं के पार

लेकिन सचमुच
सपनों से बाहर तो कुछ भी नहीं होता
कोई निजी कोना
घर-माँ
पति-पिता
भाई-बहन
राष्ट्र-राज्य
या फिर यह विश्व ही

नीरवता में एक पीड़ा

सपने में गीली आँखें
नींद में उड़ते बादल
रात्रि के इस पहर में सोचूँ
ज़रूर दुख गल कर बह रहा है किसी का
अंधकार के रंग को करता और गाढ़ा
ज़रूर कोई बहुत बेचैन है इस पल
रो रहा है ज़रूर किसी का मन
रात की इस नीरवता में है सचमुच
हैरान कर देने वाली पीड़ा

अपने जैसा जीवन

भरकर हाथों में हरे पत्तों को
छाँह बाँटते हैं पेड़
उमगती चली जाती है कोई चाह
विश्व के एक छोर से दूसरे छोर तक
जंगल और उसका हरा अँधेरा भरे हृदय में

मुझसे ही निकल कर चली जाती है कोई एक प्यास
रौंदती कई मरुभूमियों का दर्पभरा भूरापन
लोटती फिर जाकर किसी सूखी नदी की थकी रेत पर
याद करती अपने स्वप्न के समुद्र को
उसमें उठनेवाली अनगिनत लहरों के रंग को
जो उसे डुबा देती थीं
फिर ले जाती थीं अंतस के बारीक भटकावों में
जहाँ प्रायः अकेले वह समझती थी
खो जाने के अर्थ
गिनती थी भटकावों के सुख को

मुझसे ही होकर निकलती है एक राह
जिसे ठीक से अभी नहीं जानती
उस पर उगे घने पेड़ों की छाया को नहीं पहचानती
लेकिन है उधर ही कहीं मेरा निर्बाध एक ठौर
जहाँ पहुँचने पर नहीं पूछेगा कोई मेरा नाम
या कि कब करना है मुझे प्रस्थान
क्या मुझमें भी है कोई भूख
प्यास कोई
सत्य और प्रेम की

जहाँ होगा एक अपने जैसा जीवन
हवा फूल आसमान रात और नींद भी
अपने जैसी

●●●